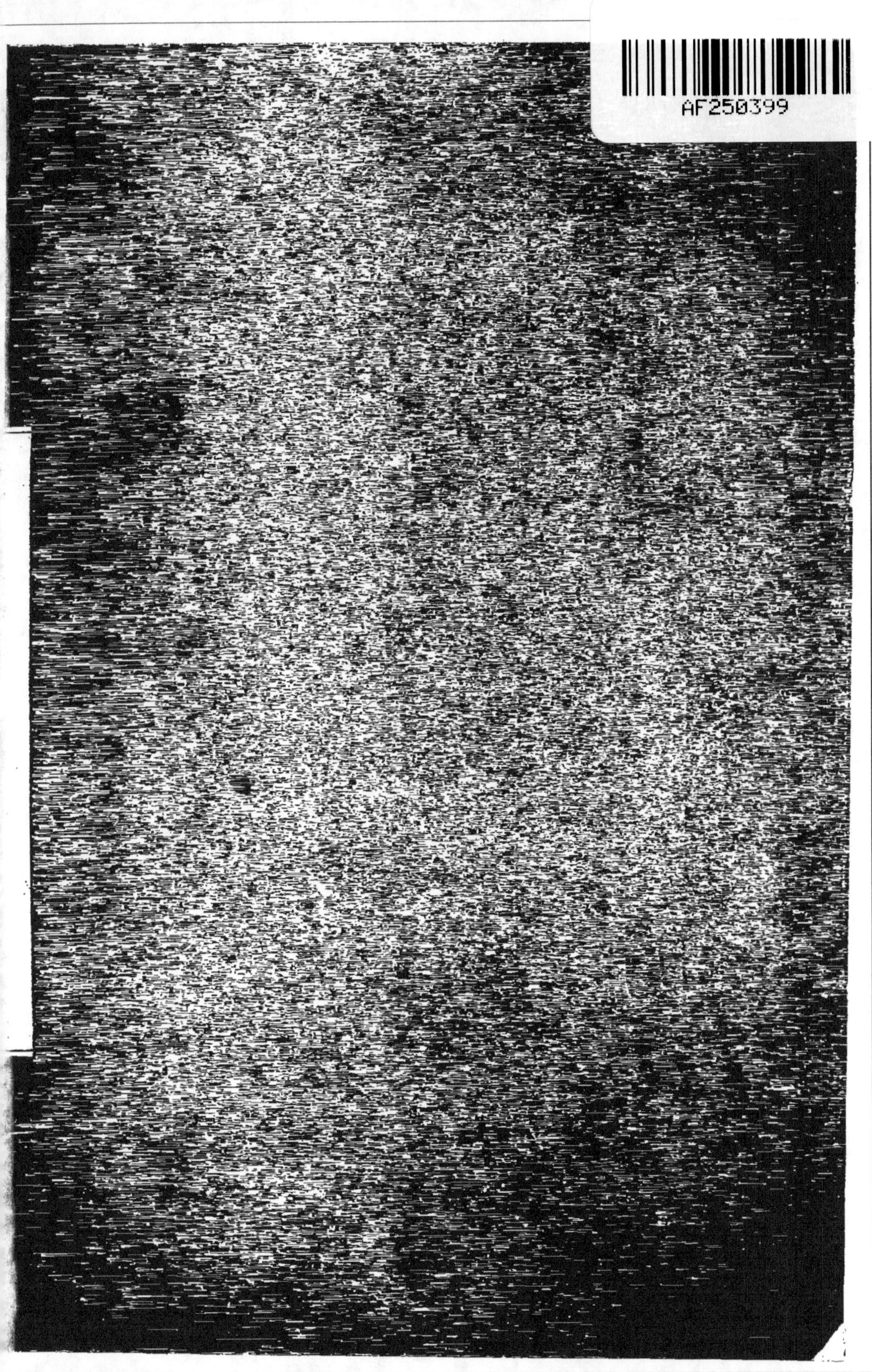

INAUGURATION

DES

EAUX DU NIL

A SUEZ

PAR

M. Adrien CORBIN-MANGOUX,

Chevalier de la Légion d'honneur
Conseiller honoraire de la Cour impériale de Bourges
Doyen démissionnaire.

PARIS

IMPRIMERIE CENTRALE DES CHEMINS DE FER

DE NAPOLÉON CHAIX ET Cᵉ,

Rue Bergère, 20, près du boulevard Montmartre.

1864

INAUGURATION

DES

EAUX DU NIL

A SUEZ.

CONFÉRENCES DE LA SOCIÉTÉ DU BERRY.

SÉANCE DU LUNDI 6 JUIN 1864.

Il n'appartient qu'à notre illustre président, M. Ferdinand de Lesseps, de parler de l'isthme de Suez avec compétence parfaite et entière autorité. Sa parole a le privilége d'exciter partout et toujours, d'un bout de l'Europe à l'autre, sympathie et enthousiasme. Nous nous garderons bien d'oser anticiper sur des droits dont il sait si admirablement user. Aussi notre intention n'est-elle pas de vous offrir une description des grands travaux du canal maritime, des difficultés vaincues, ni des assurances croissantes d'un succès complet, en raison des marchés considérables et avantageux réalisés pour la construction des jetées dans les deux golfes, pour la continuation des dragages dans les lacs Mensaleh, et le percement du seuil de Serapeum. Notre récit sera plus modeste. Nous nous bornerons à vous parler du canal d'eau douce parallèle au grand canal maritime, et spécialement de l'émission des eaux du Nil dans la mer Rouge, premier gage de la jonction des deux mers. Je puis d'autant mieux être l'historien fidèle de cette heureuse inauguration, que je suis le seul parmi mes honorables collègues de Paris à qui il ait été donné d'en être le témoin oculaire.

Heureux, dans mon exploration tout officieuse, prolongée pendant quatre mois, d'avoir eu l'occasion de répondre aux vœux des actionnaires, nos compatriotes du Berry, et de rapporter une impression profonde de tout ce qu'il m'a été possible de voir, de toucher et d'entendre dans l'étude des différents services de l'isthme !

I. — LE NIL A ISMAÏLIA.

J'avais eu l'avantage de faire partie de la commission de 1859 et de voir donner à Port-Saïd le premier coup de pioche, signal de la prise de possession de l'isthme. Je me souviens que notre premier vœu et notre première recommandation furent d'appeler le Nil à notre secours. Tout le monde convenait qu'entre tous les travaux préparatoires, une rigole d'eau douce était ce qu'il y avait de plus urgent à creuser.

Une suite d'obstacles et d'événements de force majeure en retardèrent la confection si nécessaire. Il fallait approvisionner les ateliers de Port-Saïd par les barques de Damiette; plus tard, au seuil d'El-Guisr, l'eau devait être apportée, à dos de chameau, du lac Maxama : on conçoit les énormes dépenses qui en furent la suite, et les souffrances subies par nos agents dispersés dans des stations éloignées.

Pendant que, sous les auspices de S. A. Saïd-Pacha, le percement des dunes d'El-Guisr se poursuivait avec l'ardeur des travaux d'Hercule, une machine élévatoire se préparait à l'effet de faire monter les eaux du canal d'Ismaïlia sur le plateau d'El-Guisr, de manière à les amener, par des tuyaux en fonte, sur les berges des lacs Mensaleh jusqu'à Port-Saïd.

Aujourd'hui nos vœux sont accomplis, et depuis que le Nil a pénétré au cœur de l'isthme, les lieux vont être transformés.

Le Nil, on peut le dire, a fait reculer le désert. C'est la vertu du fleuve de porter avec son limon la végétation et la fertilité. L'élément limoneux qu'il entraîne incessamment dans son énorme parcours est si efficace et si bienfaisant, que, déposé et mélangé au sable dans une certaine proportion, il le noircit et le charge d'un humus qui devient un engrais puissant. Sa vertu est telle qu'elle ne se borne pas à engraisser le sol aride, elle soutient et fortifie tout ce qui s'en abreuve, et elle sert à la fois d'aliment et de rafraîchissement pour l'homme et le chameau.

Ce phénomène, particulier a l'Égypte, frappa tellement le conquérant Hamrou, qu'elle lui inspira cette description si éloquente et si connue, adressée au calife Omar. Les premiers Égyptiens avaient divinisé le Nil. Le général vainqueur le dépeint comme un fleuve béni, issu de sources mystérieuses et inconnues, destiné à répandre les bénédictions du ciel partout où il pénètre.

Pour vous mettre à même de juger de l'étendue du bienfait dont peuvent jouir à l'avenir l'isthme et la ville de Suez, permettez-moi, Messieurs, de vous faire connaître la longueur du parcours et l'importance des travaux exécutés.

La prise d'eau actuelle est à Zagazig, située sur une dérivation de la branche de Damiette, à 6 lieues de la grande station de Benah.

Zagazig est une petite ville devenue fort commerçante depuis que nous en avons fait notre point de jonction et notre port d'approvisionnement et de circulation.

L'écluse, aujourd'hui établie, fournit une partie des eaux au canal. Incessamment une dérivation plus directe et plus abondante amènera le Nil de Choumbra, près du Caire, à Tel-el-Kebir. C'est un engagement nouvellement contracté par S. A. le vice-roi.

Dans l'antiquité et sous les Hébreux, la branche pélusiaque devait arroser la vallée de Gessen jusqu'à Timsah, où, suivant la tradition, la mer Rouge prolongeait son golfe. Quand, d'âge en âge, cette voie fut abandonnée et que la mer se fut retirée, le val, fertile en pâturages, célèbre par l'entrevue de Jacob et de Joseph, fut converti en désert par les ensablements. Dans les temps modernes, le Nil n'arrivait plus que jusqu'à Tel-el-Kebir, à 28 kilomètres de Zagazig, par des issues étroites et mal entretenues.

Le premier soin fut de rétablir cette communication, puis de déblayer le sable, et de recreuser le terrain par Agaffasine et Ramsès, enfin de prolonger le nouvel œuvre plus profond et plus correct jusqu'à Ismaïlia, aux bords du lac Timsah; le tout formant un parcours depuis Zagazig de 75 kilomètres au moins.

Cette première section a été inaugurée depuis la crue du fleuve en 1862.

Autrefois il fallait deux ou trois jours pour franchir cette distance; il ne faut plus que douze ou quinze heures, sans fatigue.

Avant de quitter la barque couverte qui nous fait voguer par un vent favorable jusqu'à la nouvelle capitale du désert, je ne puis,

Messieurs, résister au plaisir de vous montrer les prémices de culture, signes avant-coureurs d'une transformation qui s'opère comme par enchantement. Méhémet-Ali avait mis à profit les derniers écoulements de cette branche presque desséchée. Il avait créé à Tel-el-Kebir de riches enclos, et bâti un gros pavillon, devenu le chef-lieu de la vaste propriété de l'Ouadée, achetée par la Compagnie. Les cultures s'arrêtaient là ; aujourd'hui elles s'étendent jusqu'au lac Maxama. Le coton y a réussi à merveille et a enrichi cette année tous les cultivateurs bédouins, qui ne regrettent plus leur désert. Sur les ruines mêmes de Ramsès, en face de la Triade, statue colossale nouvellement dégagée des sables, une ferme agricole et cotonnière s'est installée ; elle offre déjà aux voyageurs une hospitalité précieuse.

Au-dessous de Nefiche, où nous changerons de barque pour descendre dans la seconde section du canal, la vue est charmée de trouver un oasis verdoyant ; au centre s'élève un chalet. Cet oasis, assez étendu, sert de tivoli aux habitants d'Ismaïlia, et peut fournir autant de légumes frais que de fleurs.

Toutes les nouvelles habitations de la ville naissante sont ornées de parterres et de carrés cultivés ; les espaliers et les berceaux sont déjà chargés de feuillages. Chaque maison possède un petit bassin avec un robinet, commodité qui manque à la plupart de nos vieilles villes de France.

Tous les matins, au mois de novembre, mes yeux étaient réjouis à l'aspect des progrès opérés dans la nuit. Autour de ma demeure, qui participait de la tente et du chalet, l'orge et la laitue, le gazon et les radis se développaient comme à vue d'œil.

Enfin, jusqu'à El-Guisr, situé à 15 mètres environ au-dessus du niveau du lac, les mêmes phénomènes de végétation hâtive se produisaient autour des maisons et sur la belle esplanade où M. de Lesseps a fait élever une petite église de bon goût. C'est sur le plateau d'El-Guisr, à 6 kilomètres de distance de la machine élévatoire, qu'on admire le *Château-d'Eau,* du haut duquel l'eau du Nil va porter la même fertilité jusqu'à Port-Saïd, après s'être distribuée de stations en stations sur son passage. Invention vraiment merveilleuse, inconnue dans l'antiquité, due à la découverte moderne de l'usage de la vapeur !

Vous voudrez bien, Messieurs, me pardonner cette digression. Nous ne sommes pas encore à la moitié du trajet. Il nous faut **quitter notre barque à Nefiche, par une bonne raison : le niveau** du canal de Suez est inférieur d'un mètre et demi au bief d'Ismaïlia ; les eaux supérieures ne s'y écoulent que par un pertuis sans écluse.

C'est de ce point capital qu'on est parti pour faire une seconde et plus longue conquête sur le désert. Il s'agissait d'ouvrir à sa surface un large sillon d'un mètre et demi de profondeur, et de faire descendre le Nil jusqu'à Suez par une pente et une inclinaison presque insensibles, sur une étendue de 95 kilomètres.

Les nivellements récents et faits en tous sens vérifièrent la belle opération dont fut chargé notre compatriote, M. l'ingénieur Bourdadoue, sous Méhémet-Ali.

Un de nos conducteurs, M. Aladenise, également du Berry, me disait sur les lieux que le travail de son maître offrait encore dans son ensemble le nivellement le plus sûr. Les larges bateaux du commerce n'ont pas encore navigué dans cette partie : la barque qui va nous recevoir est traînée par des dromadaires, à défaut du souffle des vents ; elle peut contenir huit ou dix voyageurs.

Nous trouverons sur cette section une rigole parallèle, large de 4 ou 5 mètres, destinée à porter en avant l'eau nécessaire aux travailleurs. Cette rigole servait d'avant-garde au canal pendant la durée du creusement, tant que le bief principal n'était pas livré. Nous avons été témoin de son utilité pour remplir les barils transportés à dos de chameaux au pied d'œuvre, à la porte de chaque atelier. L'arrivée de la première eau était saluée par des cris de joie. O surprise merveilleuse ! le flot amenait le plus souvent, avec des tourbillons de sable, une fourmilière de petits poissons qui n'étaient pas impropres à la friture. Qui se serait-attendu à voir la pêche et les filets tendus en plein désert ?

Plus les solitudes à perte de vue sont arides et dénuées de toute végétation, plus le bassin et la nappe d'eau vous charment et vous réjouissent. Il faut avoir séjourné sous la tente, y avoir connu le prix d'un simple verre d'eau rafraîchie dans la gargoulette, et avoir éprouvé ce qu'il en coûte de privations dans les usages domestiques quand, sous une chaleur étouffante, on en est réduit à être économe de ce verre d'eau, devenu plus précieux que le champagne ; il faut avoir senti son palais desséché par la soif, pour se faire une idée de ces transports de joie à la vue d'un ruisseau à pleins bords !

Quel bien-être délicieux de pouvoir y tremper ses mains, y plonger son visage, y désaltérer sa bouche et ses lèvres ! Cette joie,

Messieurs, nous l'avons ressentie pendant cette longue et lente navigation. La patience se soutient et ne se laisse pas fatiguer, tant on a de plaisir à jouir d'une fraîcheur jusqu'alors inconnue, tant l'esprit se plait à comparer le passé avec le présent, à composer, en imagination, une suite d'oasis, et à embellir de verdure et d'ombrages des rives si longtemps desséchées!

La transformation admirée sur les bords que nous venons d'explorer, n'est pas aussi éloignée qu'on le pouvait croire à l'aspect des lieux solitaires. Toussoum, le Serapeum, le plateau où gisent les ruines persépolitaines, les lacs Amers, les montagnes brunes de Geneffe, serviront toujours, à la vérité, d'encadrement aux horizons qui se développent sur le passage de notre canal; mais, sur leurs flancs et à leur pied, un rideau de verdure, puis des cultures régulières ne manqueront pas d'égayer la vue du voyageur.

Un service de cantonniers est déjà établi pour l'entretien journalier; ils sont chargés de planter des arbustes et des arbres destinés à affermir les berges et à fournir une ombre précieuse.

Après les cantonniers, des chalets s'établiront pour leur demeure, puis des hangars pour les relais et les chameliers; enfin, des stations et des hôtelleries pour les voyageurs, qui n'auront plus besoin de porter leurs approvisionnements avec eux.

Nous voilà, Messieurs, descendus jusqu'à Chalouf el Terraba.

Nous y sommes entourés de grands souvenirs de l'antiquité et de grands noms; notre pavillon vogue sur l'emplacement de la ville d'Arsinoé, après avoir traversé le bassin creusé par les Pharaons. C'était une bonne fortune et une heureuse rencontre pour nos ingénieurs de ramener le Nil dans le lit préparé par les mains des premiers Égyptiens, et de pouvoir utiliser les berges respectées par le temps après tant de siècles écoulés. Le voyageur admire leurs proportions et la largeur du bassin. Une seule brèche y a été pratiquée; on assure qu'elle ne tardera pas à être réparée.

C'est à la hauteur d'Arsinoé, convertie en campement provisoire pour une multitude de fellahs travailleurs, que nous avons été témoin d'un spectacle curieux, intéressant. Nous nous plaisons à vous en rendre compte, au risque d'un seconde digression que vous voudrez bien nous pardonner encore.

Ce spectacle, Messieurs, est celui de la mise en œuvre et de l'organisation des travailleurs, fournis jusqu'ici par ce qu'on a appelé les *contingents des fellahs*. Pendant trois jours je me suis appliqué à suivre l'arrivée des uns, le départ (après la paie) des autres ; à étudier et à mesurer, la montre à la main, le mouvement et le travail de ces innombrables ouvriers, distribués en file, à perte de vue, sur une ligne de plusieurs kilomètres continus. Aperçue à distance, cette agglomération faisait l'effet d'une fourmilière humaine en action.

Voici comment les choses se passent :

Les barques du Nil, puis les chemins de fer, amènent à la station la plus rapprochée de l'atelier en activité, les convois des fellahs par milliers.

Une fois arrivés sur le terrain à fouiller, on leur distribue la ration de pain, de bois, avec les instruments indispensables pour le travail. Nos chefs de brigade les conduisent par groupe de dix à douze, et leur assignent leur tâche par numéros, calculée par tant de mètres cubes à profonder et à transporter en commun.

Les plus robustes prennent la pioche, remuent et défoncent le sol ; les autres chargent et remplissent à grande force les couffes ou nattes en jonc serré ; les plus jeunes, et il y en a beaucoup, âgés de moins de douze ans, portent, en chantant, les fardeaux sur leurs têtes ou sur leurs épaules. Les pelles, les brouettes sont pour eux des instruments incommodes ; ils préfèrent leurs mains. leurs bras, leurs reins et leurs têtes.

Un seul agent exercé peut mettre cinq cents hommes en ouvrage en moins d'une heure. Les tâches et la besogne sont mesurées et indiquées d'avance, de manière que chaque groupe ne quitte pas sa place tant que l'ouvrage n'est pas complétement achevé. La plupart du temps ils y prennent leurs repas et leur sommeil, sans s'éloigner.

Nos surveillants n'ont pas le droit de punition directe ; mais, sur leurs plaintes verbales, la punition est infligée, s'il y a lieu, aux indociles ou aux fainéants. Le chef égyptien est juste et inflexible. Ismaïl-Bey est le haut justicier ; il a pris grand intérêt à l'œuvre, et son rôle à cœur. Ismaïl-Bey est de moyenne taille, au teint cuivré, d'un caractère peu communicatif, ne parlant que par interprète ; je l'ai vu, à ma droite, impassible pendant des heures entières. Il a rendu de bons services à la Compagnie.

La durée de la tâche assignée à chaque contingent est d'un mois en moyenne. Plus elle a été accomplie rapidement, plus la durée du séjour du travailleur est abrégée. La ration de pain accordée est en suffisante abondance. C'est le cas de constater ici la frugalité égyptienne. La nourriture des fellahs ne s'élève pas à 50 centimes par jour. Le riz, le dourah ou sorgho, le maïs, la datte sèche, l'ail et l'oignon, font la base de son alimentation. Non-seulement l'Arabe est frugal, mais il est opiniâtre à la fatigue.

On compte heureusement très-peu de malades ou d'infirmes. Le départ général n'est pas le moment le moins curieux : les travailleurs se rendent aux wagons qui les attendent avec surcroit et redoublement de gaieté et de chant. D'où l'on doit inférer que le mode de labeur, adouci et payé par la Compagnie, est dans les nécessités, les mœurs et les traditions séculaires de l'Égypte.

De Chalouf à la mer Rouge les horizons s'élargissent: la montagne de l'Attaka se dresse devant nous ; bientôt nous entendrons le sifflement de la locomotive. Nous avons hâte de débarquer, après l'exploration de 170 kilomètres depuis Zagazig. Nous sommes heureux à la fois de proclamer que les espérances et les paroles de M. de Lesseps se trouvent accomplies et vérifiées, et de pouvoir vous rappeler que nos assurances et nos descriptions, accueillies dans cette enceinte, n'étaient point vaines et imaginaires, puisque le désert de l'isthme est vraiment devenu la terre promise !

Suez n'est pas moins impatiente qu'Ismaïlia : elle a bien plus de raisons de l'être. Voilà près de onze cents ans qu'elle est privée du Nil.

Vous connaissez, Messieurs, son histoire, ses vicissitudes, et vous jugez de ses nouvelles destinées.

A ne remonter qu'aux temps historiques, Suez ou Soueis a dû avoir ses époques de prospérité et de splendeur. Sous les Ptolémées, sous Cléopâtre et sous les Romains, elle était naturellement l'entrepôt de tous les éléments précieux du luxe d'Alexandrie et de Rome.

C'était la reine de la mer Rouge, qui y distribuait les riches produits de l'Inde, les étoffes chargées d'or, la pourpre et les parfums. Après Mahomet, le conquérant Hamrou ouvrit de nouveau le canal négligé par les empereurs de Constantinople et lui donna son nom.

La communication du fleuve avec la mer était ménagée par le moyen de machines ingénieuses, de manière à ne pas altérer l'eau douce et bienfaisante du Nil. Le commerce européen n'en profita pas beaucoup plus de cent vingt-cinq ans.

Vers la fin du vmᵉ siècle, à une époque contemporaine des invasions des Maures et des Sarrasins en Espagne et en France, le dernier calife de la dynastie des Ommiades supprima tout rapport avec l'Europe, et fit combler les bassins et le canal.

Mesure barbare ! Coup fatal porté au commerce de la Méditerranée et à l'Égypte elle-même !

Les caravanes ne purent remplacer la navigation. Suez dégénéra et reçut le dernier coup mortel à la fin du xvᵉ siècle par la découverte du passage du Cap des tempêtes.

L'Italie avait produit un Christophe Colomb. Il ne se trouva pas en France, à cette époque, un Ferdinand de Lesseps, ni dans l'Égypte subjuguée un fils de Méhémet-Ali pour sauver l'isthme et Suez de leur dégradation et de leur ruine.

II. — LE NIL A SUEZ.

Nous touchons, Messieurs, au jour du couronnement de l'œuvre. Ce jour aurait dû être marqué par une de ces immenses fêtes en usage autrefois en Égypte. Tout s'est réduit à une fête locale et en quelque sorte de famille.

J'ai besoin ici d'un surcroît d'indulgence pour la sécheresse du procès-verbal, que ma tête épuisée et ma main fatiguée à cette époque ont cherché à dresser avant de quitter les lieux. Le style en sera plus incorrect, mais la fidélité des détails sera complète.

Un mot, d'abord, sur l'aspect et le panorama. Quelques mots aussi sur les circonstances qui ont précédé l'inauguration du 29 décembre 1863.

Description des lieux. — Comme vous le savez, après un parcours de 95 kilomètres, depuis la prise d'eau à Nefiche, près d'Ismaïlia, le canal amène les eaux du Nil à 1 kilomètre de Suez, aux bords de la mer Rouge, entre le chemin de fer du Caire et la ligne du grand canal maritime.

Le canal, d'une largeur égale à celle de nos plus grands canaux de France, s'élève dans son plein, par une pente presque insensible, de 2 à 3 mètres au-dessus de la mer. Sa tête vient s'appuyer sur les dernières limites du désert, presque en face du mamelon surmonté d'un chalet appartenant au vice-roi. Un pavillon avait été élevé à très-peu de distance du point d'ou les eaux, si longtemps désirées, devaient s'arrêter pour remplir le lit nouveau et se précipiter dans les eaux amères en cascade tumultueuse.

De ce lieu choisi se développe un panorama qui va devenir, du côté du désert, aussi riant qu'il était sévère et stérile.

A notre droite dominent et se déroulent au sud-ouest les montagnes de l'Attaka. A notre gauche, le vaste désert de l'Asie est environné d'une bordure lointaine de dunes et d'éminences inégales qui doivent se relier au mont Sinaï.

En face et au sud-est, se prolonge le rail du chemin de fer jusqu'au centre de la petite ville de Suez, encore réduite à de bien modestes proportions.

L'isthme traversé par le canal est dominé, du côté de l'Afrique, par Gebel-Geneffe. Son horizon s'étend jusqu'au Serapeum.

La mer Rouge sert de ceinture à l'ancienne cité, et imprime à ces lieux célèbres un aspect grandiose qui étonne et éblouit les yeux européens.

Circonstances au milieu desquelles l'inauguration a eu lieu. — La solennité n'a pas répondu à l'importance du fait célébré. Si jamais ouverture d'un canal devait être marquée par une démonstration magnifique, c'était assurément l'inauguration par laquelle la Compagnie, fidèle à ses engagements, préludait à sa grande entreprise par la jonction du Nil à la mer Rouge.

Les Arabes, les Bédouins, tous les habitants y ont applaudi de toutes leurs forces. Leur concours a été nombreux, mais l'autorité égyptienne est restée muette et indifférente. Les consuls n'y ont point été conviés. La population n'en a pas moins célébré la fête par des témoignages éclatants. La Compagnie ne pouvait offrir un plus beau feu d'artifice que le jaillissement et l'émission bruyante du Nil dans la mer Rouge

L'attente générale ne pouvait pas être plus longtemps laissée en suspens. Depuis le 10 décembre, de semaine en semaine, M. de Lesseps était annoncé; l'impatience était à bout. Il fallait clore la campagne de 1863 par la délivrance du don inestimable promis à la ville de Suez.

Le 29 décembre fut choisi. Date mémorable pour l'Égypte, pour le commerce du monde, et dont le retentissement, malgré les conditions modestes de la célébration, se prolongera indéfiniment dans les souvenirs, comme il en sera pour la date du 29 mars 1859, premier coup de pioche de la prise de possession à Port-Saïd !

L'absence de M. de Lesseps s'expliquait par les circonstances si connues qui le retenaient à Paris.

L'éclat, la joie et l'entrain qui servent ordinairement d'escorte à l'illustre promoteur, nous firent donc en grande partie défaut.

Le soleil nous refusa même ses clartés ordinaires au climat ; ses rayons ne brillèrent que le soir pour se refléter dans les eaux jaillissantes. Un vent demi-mistral régna toute la matinée, et son action fut telle que la tente réservée ne put être achevée et préservée des rafales. Le sable volant en poussière couvrit par trois fois les approvisionnements du buffet indispensable. Les bouteilles de champagne n'en avaient pas souffert, et pendant que le Nil se précipitait à grand bruit dans la mer, l'explosion des flacons rehaussait les vivat !

Journée du 29 décembre 1863. — L'arrivée des eaux au pied du pavillon avait été fixée de 2 à 3 heures. Le rendez-vous y avait été donné à tous les habitants empressés. On n'avait pas eu besoin d'invitations spéciales ni d'improviser des moyens de transport ; chacun y avait pourvu pour son compte, personne n'y a manqué.

Les baudets, les mules, les chevaux, les chars-à-bancs avaient été mis à contribution. Le trajet offrait un spectacle varié et pittoresque. La curiosité faisait oublier l'aigreur du vent et les retards inévitables de la cérémonie.

Le personnel du bureau, composé de MM. Ruyssenaers, Gérardin, le comte Sala, Corbin de Mangoux, Voisin, Sciama et S. Exc. Ismaël-Bey, n'occupa qu'au dernier moment la place que les coups du vent lui disputaient.

La digue qu'il fallait rompre était à 2 kilomètres : elle ne fut ouverte qu'à 4 heures.

Le torrent s'élança, sans obstacle, en flots chargés de sable et d'écume. Le plafond du canal fut bientôt inondé et le lit rempli à pleins bords. Le niveau une fois établi et le courant calmé, les canots de nos agents ne tardèrent pas à paraître et à venir se ranger le long de la berge où se dressait notre pavillon.

Déjà l'eau gonflée et écumante s'échappait à travers les fissures ménagées à dessein. La cascade se précipitait et allait se mêler aux flots amers, étonnés de ce mélange après une solution de continuité de plus de dix siècles.

Ce fut, Messieurs, comme vous le pensez, le moment saisissant et solennel. De toutes parts des cris de joie et de reconnaissance s'élevèrent sur les rives et dans la plaine occupées par la foule.

Après le mouvement d'enthousiasme général et quand tout le personnel du canal d'eau douce fut réuni, M. Ruyssenaers, vice-président de la Compagnie, prit la parole pour témoigner du regret unanime causé par l'absence de M. de Lesseps, et faire ressortir l'avantage inappréciable, dans le présent et dans l'avenir, de la jonction, objet des vœux et de la joie.

Ce bienfait, avant-coureur du succès de la grande entreprise, est dû à l'initiative de la généreuse dynastie de Méhémet–Ali, à ses sacrifices pour attirer tous les instruments de progrès, et à sa confiance dans les deux puissants agents de l'industrie moderne, la *vapeur* et l'*électricité*.

Les paroles, pleines de naturel et de bon goût, de notre vice-président, ami fort estimé de S. A. le vice–roi, furent accueillies et saluées par des témoignages d'approbation et d'applaudissements.

Les verres de champagne furent remplis et distribués; deux toasts accentués, portés à la santé d'Ismaïl-Pacha et de M. de Lesseps, furent accueillis avec des acclamations générales.

La nuit vint abréger les démonstrations joyeuses qui donnaient à la cérémonie le cachet d'une fête de famille.

Chacun voulait s'approcher du nouveau bassin, tremper ses doigts dans l'eau du fleuve qui venait apporter à la ville, desséchée et altérée, la fraîcheur, la végétation et la verdure. On s'empressait autour de M. Cazeaux, l'ingénieur chargé de la conduite de ce laborieux travail.

Le retour à Suez, sur de longues files bruyantes, mélangées de tous les costumes, fut plus curieux encore que le départ : les tarbouches égyptiens, les turbans arabes, blancs, rouges et verts, brillaient au clair de la lune, au milieu des coiffures européennes, des crinolines et des paletots.

La fête du soir et de la nuit eut lieu au grand hôtel Anglais. Dans un dîner fort nombeux, les notables de la ville vinrent plus directement confondre leurs sympathies avec les nôtres ; Mmes Gérardin et Sciama en firent les honneurs.

A 10 heures commença un grand bal, animé par un surcroît

d'invitations. Bon nombre d'officiers français et anglais s'étaient empressés d'y répondre. Mme Émerat, femme du consul de France, put recueillir la récompense de ses soins ; ce fut elle qui avait voulu présider aux préparatifs. M. le comte Sala avait pris soin de veiller à ceux du dehors. Jusqu'à la fin rien ne manqua à l'éclat, à l'ordre, comme à la gaieté qui caractérise nos fêtes françaises.

A minuit, on offrit aux dames et aux cavaliers fatigués un des plus beaux et des meilleurs soupers qui aient été servis à Suez depuis la conquête d'Hamrou.

C'était le compliment que m'adressait un convive détaché d'un bâtiment français allant en Chine. Ce voyageur se félicitait d'avoir eu la chance d'assister à une pareille célébration, par suite du retard de l'arrivée des ambassadeurs annamites attendus de jour en jour.

A 4 heures du matin, il fallut bien congédier l'orchestre faute de figurants.

Je puis constater, par le témoignage de plusieurs officiers et passagers de la frégate française, qu'ils sont sortis enchantés de l'entrain et de l'éclat de la fête. Ils porteront au fond de la Chine le souvenir et le récit de l'inauguration du Nil à Suez, avec l'espoir et l'assurance du succès du percement qui doit rapprocher de 3,000 lieues les belles provinces de l'Asie et de l'Inde, des rivages de l'Europe et de la Méditerranée.

Le personnel des navires en station dans la rade, les officiers qui les commandent, pour la plupart Anglais, et tous les bâtiments qui se succéderont à Suez béniront la date du 29 décembre 1863 !

Suez, jusqu'ici dépourvue de toute végétation, privée même des ressources artificielles des puits et des citernes, ne tardera pas à être entourée de cultures et de fleurs ! Elle deviendra, à l'entrée de l'isthme, la capitale de la terre promise et le séjour de rafraîchissement et de repos pour le navigateur fatigué de la stérilité des bords brûlants de la mer Rouge, après un trajet de 400 lieues depuis Aden. Aussi tous ses habitants et ses hôtes reporteront-ils vers M. de Lesseps leurs témoignages incessants de gratitude et d'admiration, ainsi que leur tribut de reconnaissance pour l'illustre dynastie de Méhémet-Ali !

PARIS. — IMPRIMERIE CENTRALE DE NAPOLÉON CHAIX ET Cie, RUE BERGÈRE, 20. — 9600.

56

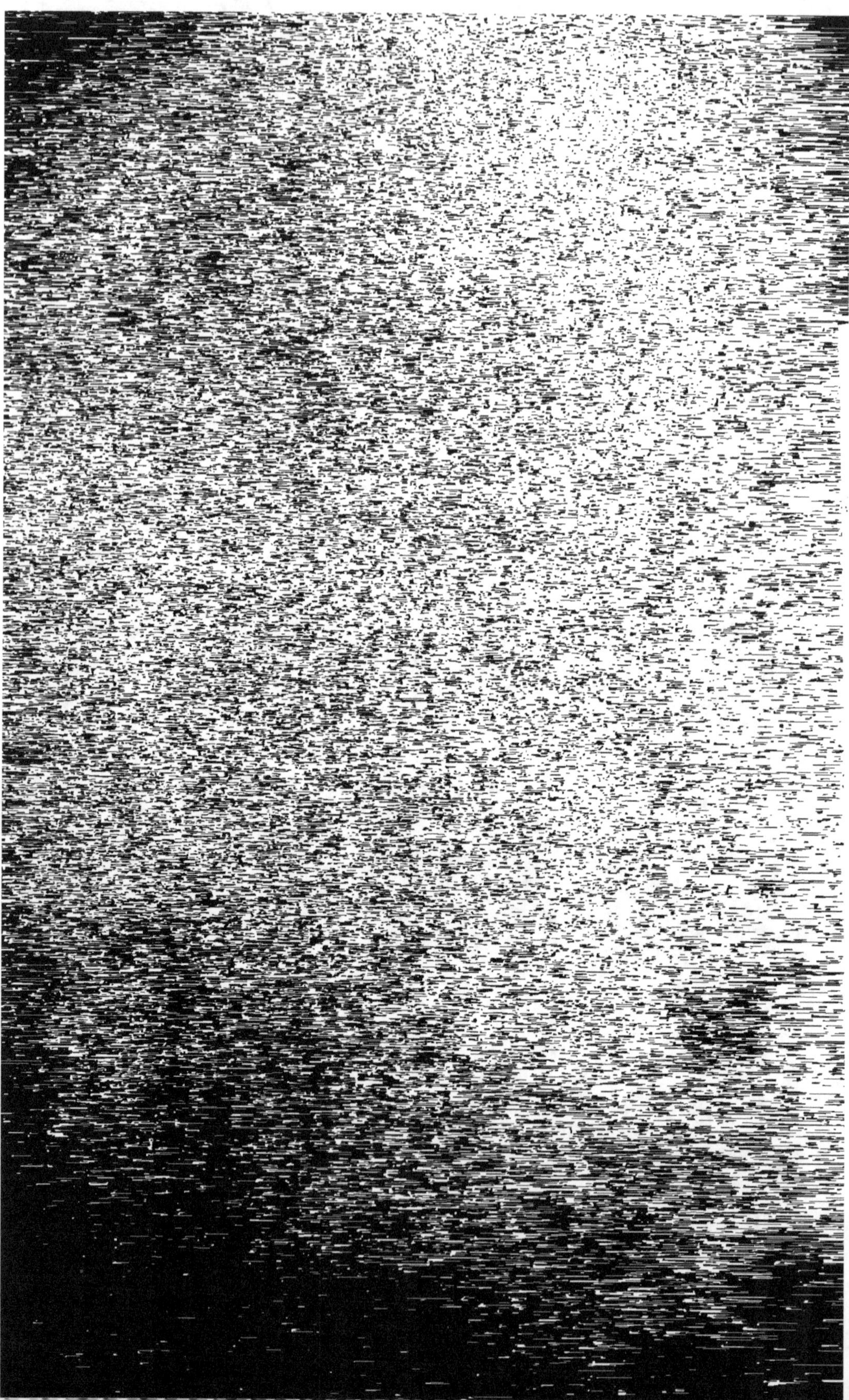